AF204337

Melanie Stadelbauer

Endlich Frei

Impressum
Autor: Melanie Stadelbauer
Layout: ©MS-Design 2020
ISBN Paperback: 978-3-347-01791-7
ISBN E-Book: 978-3-347-01792-4
Verlag und Druck: tredition GmbH, Halenreie 40-44, 22359 Hamburg

Inhalt

Vorwort

Das, was du hier in Händen hältst, ist kein normales Buch. Also nichts, was du nur durchlesen und dann zur Seite legen kannst.

Dieses Buch hier ist viel mehr. Denn es soll dir in 5 Schritten dabei helfen, die Ursachen deiner Verletzungen zu finden, zu vergeben und endlich ein Leben in Freiheit zu genießen.

Nein, Psychologin bin ich nicht. Auch keine ausgebildete Seelsorgerin oder Therapeutin.

Ich bin vielmehr eine Betroffene, die es über 20 Jahre lang zugelassen hat, dass die Verletzungen, die mich als junge Erwachsene geprägt haben, mein weiteres Leben bestimmen konnten.

Und dann habe ich einen Cut gemacht. Kurzerhand alles abgeschnitten, was mich innerlich mit der Vergangenheit verbunden hat. Dieser Cut hat aber nur in mir stattgefunden. Ich musste dazu keine Kontakte abbrechen, niemanden aus meinem Leben verbannen oder ähnliches. Ich bin einfach hergegangen, habe den Menschen, die mich einst so sehr verletzt haben, noch einmal ganz bewusst vergeben und Gott das Ruder meines Lebens übergeben.

Alles was seitdem in meinem Leben passiert, ist schlechtweg der Hammer. Ja, es kommen Versuchungen. Und ja, ich habe immer noch Tage, an denen ich mit der Situation hadere, weinend zusammenbreche und kurz davor bin, mich wieder in meinem Schneckenhaus zu verkriechen.

Dennoch ist mein Leben komplett anders. Denn ich bin frei! Frei dazu, NEIN zu sagen. Frei dazu, das zu tun, was mir gut tut. Frei dazu, Freundschaften zu pflegen und um Hilfe zu bitten, wenn ich welche benötige.

Nach einem von Missbrauch geprägtem Leben und Jahre voller Verzweiflung, Angst und Einsamkeit habe ich zugelassen, dass noch einmal jemand mein Leben in die Hand nimmt und das Ruder steuert: Dieser Jemand ist Gott!

Und weißt du was? Das kannst du auch! Ja, genau du! Deine Situation ist nicht aussichtslos. Da du dieses Buch in deinen Händen hältst unterstelle ich dir jetzt einfach, dass du selbst auch an diesem Punkt angekommen bist. Der Punkt, an dem du dir nichts sehnlicher wünschst, als endlich FREI zu sein.

Wie kommen wir da hin, frei sein zu können? Was müssen wir tun, damit die Ketten der Vergangenheit reißen und uns nicht mehr binden?
Können wir das alleine oder brauchen wir dazu eine Therapie?

Dieses Buch wird nicht alle deiner Fragen klären. Ich kann dir auch nicht vorgeben ob du therapeutische oder seelsorgerliche Hilfe benötigst oder diesen Weg alleine schaffst.

Aber ich kann dir von mir berichten. Davon, wie ich jeden einzelnen der 5 Schritte gegangen bin. Von den Situationen, die meinen Körper im wahrsten Sinne des Wortes vergiftet haben. Und davon, wie Gott mir geholfen hat, diese Wunden zu zeigen und zuzulassen, dass ER alles in seine Hand nimmt. Ich möchte dir zeigen, welchen Beitrag meine Familie, meine Freunde und meine Gemeinde dazu geleistet haben.
Denn ohne diese Rückendeckung wäre ich heute nicht da, wo ich jetzt stehe.

Welche Herausforderungen dein Leben mit sich bringt, ist völlig egal. Es ist egal, ob du mit dem Verlust eines geliebten Menschen zurechtkommen musst, ein Unfall dein Leben auf den Kopf stellt oder du lernen musst, eine Struktur in dein Leben zu bringen.
Jede Herausforderung bringt es mit sich, dass wir sie nur bezwingen können, wenn wir lernen, nicht aus unserer eigenen

8

Kraft heraus zu agieren, sondern auf Gottes Hilfe zu vertrauen.
Wir kommen in unserem Leben nur dann weiter, wenn wir zulassen, dass uns diese Herausforderungen formen und immer wieder an den Punkt bringen, über unser Leben nachzudenken. Wir müssen damit anfangen zuzulassen, dass Gott die Wunden unserer Vergangenheit verarztet, die seit vielen Jahren vor sich hin eitern und entzündlich sind.

Dieses Buch soll dir dabei helfen, dich vor den Spiegel zu stellen und völlig unvoreingenommen zu begutachten.
Wer bist du eigentlich? Was für ein Mensch steckt hinter der Fassade? Welche Wunden versuchst du zu verstecken? Welcher Teil deiner Vergangenheit hat dafür gesorgt, dass du heute so bist, wie du bist? Und was kannst du tun, um die Bereiche deines Lebens anzupacken, die sich verändern müssen?
Bei mir war es jahrzehntelanger Missbrauch in all seinen Facetten. Was ist es bei dir?

Ich möchte dich mit diesem Buch auf eine Reise mitnehmen. Eine Reise zu dir selbst. Die Reise zu den Ursachen Deiner Verletzungen, die dein heutiges ICH immer noch steuern.
Ja, jetzt geht es um dich! Darum, wie du dich selbst finden und lernen kannst, mit deiner Vergangenheit abzuschließen. Die Seiten in diesem Buch sollen dich dazu motivieren, über dein Leben nachzudenken, den Menschen zu vergeben die dich so sehr verwundet haben und Schritt für Schritt zu neuem Selbstbewusstsein zurück zu finden.

Mach dich auf eine spannende Reise gespannt und nimm dir vor allem Zeit!
Mein Tipp: Jedes Kapitel ist ähnlich aufgebaut. Es beginnt mit einem Bibelvers, dann kommt eine Erklärung mit Beispielen aus dem Leben anderer Menschen und der Bibel. Am

Ende eines jeden Kapitels findest du eine Aufgabe. Nimm dir für diese Aufgabe Zeit. Ruhig auch mehrere Tage. Denke darüber nach, schreib deine Gedanken auf (wenn dir der Platz dafür nicht ausreicht, nimm dir ein kleines Notizbüchlein, welches du auch nach diesem Buch fortführen kannst) und setze die Übungen um. Diese Übungen sind alle so konzipiert, dass du sie sehr leicht in deinen Alltag integrieren kannst.

Auf diesem Weg wirst du die Wurzeln deiner Vergangenheit finden können. Und wenn du sie gefunden hast, hast du die Möglichkeit, sie auszugraben und zu entfernen.

Die Wunden der Vergangenheit

„Er schenkt denen Heilung, die ein gebrochenes Herz haben und verbindet ihre schmerzenden Wunden!"
Psalm 147,3

Sicher bist du irgendwann in deinem Leben schon einmal gestürzt und hast dir dabei eine Wunde zugezogen. Wenn wir solche Verletzungen haben, reinigen wir sie. Wir geben eine Salbe drauf und machen ein Pflaster darüber. Die Wunde soll sich schließlich nicht entzünden. Also geben wir alles, was in unserer Macht steht, um die Wunde richtig verheilen zu lassen.

Wenn es allerdings um unser Seelenleben geht, darum, die alten Verletzungen aus unserer Vergangenheit heilen zu lassen, dann machen wir schnell einen dicken Verband drüber. Niemanden hinlassen, niemandem zeigen, dass diese Wunden da sind. Wir laufen lieber im Hochsommer in einem langen Pulli herum und schwitzen, als die Verwundungen sichtbar werden zu lassen. Wir hoffen, dass diese versteckten Wunden von selbst verheilen.

Doch dann passiert genau das Gegenteil von dem, was wir damit erreichen wollen. Die Wunden beginnen, sich zu entzünden, zu eitern und Bakterien besiedeln den ganzen Körper. Wird weiterhin nichts dagegen unternommen, ist irgendwann eine Blutvergiftung die Folge. Und die führt, unbehandelt, zwangsläufig zum Tod.

Wenn wir es nicht zulassen, dass die alten Wunden aus unserer Vergangenheit sichtbar werden, können sie nicht heilen. Das vergiftet unsere Seele und sorgt letztendlich dazu, dass wir innerlich absterben und nur noch eine funktionierende Hülle unseres Selbst sind. Von der Person, die sich Gott einst gedacht hat, ist nichts mehr übrig.

Lassen wir es jedoch zu, dass Gott uns heilen kann, beginnt eine großartige Veränderung.

Als junge Erwachsene hatte ich eine Entscheidung getroffen, die mein ganzes Leben durcheinander gebracht hat: Ich wurde Mitglied in einer Freikirche, in der geistlicher Missbrauch an der Tagesordnung war. Damals habe ich das zuerst nicht realisiert und bin den Weg, den ich eingeschlagen hatte, konsequent gefolgt. Doch die missbräuchlichen Situationen haben sich immer stärker gehäuft. Da ich ohnehin ein sehr schwaches Selbstwertgefühl hatte, habe ich mich bald komplett wertlos gefühlt. Alles was ich gemacht habe wurde als schlecht hingestellt und mir wurde ständig das Gefühl gegeben, für nichts geeignet zu sein. Dabei war ich voller Ideen und Tatendrang und hatte sehr wertvolle Talente und Begabungen. Wenn man allerdings keine Gelegenheit bekommt, diese Begabungen zu nutzen, verkümmern sie irgendwann. Das, was bei mir übrig geblieben war, war eine verängstigte junge Frau, die kein Vertrauen mehr in Gott oder irgendeinen Menschen hatte.

Die Erlebnisse aus diesen Jahren haben mich enorm geprägt. Mein Vertrauen war weg, meine Freunde waren weg, mein ganzes Leben war ein einziger Schrotthaufen.

Ich bin geflüchtet in der Hoffnung, noch einmal irgendwo neu anfangen zu können.

Da meine Seele allerdings so verletzt war, sind über viele Jahre hinweg sämtliche Versuche eines Neuanfangs gescheitert. Einer nach dem anderen.

Der Grund dafür war mir lange nicht bewusst. Heute jedoch lässt sich das leicht erklären: Ich hatte meine Vergangenheit immer und überall bei mir.

Die Erinnerungen und die Verletzungen waren fein säuberlich in einen Rucksack gepackt, den ich fast 20 Jahre lang nicht abgesetzt habe. Viel zu sehr hatte ich mich an das schwere Gewicht gewöhnt gehabt.

Und wie ist das bei dir? Lässt du es immer noch zu, dass deine Wunden eitern und die Entzündungen deinen Körper vergiften? Trägst du den Rucksack mit deiner Vergangenheit immer noch herum, oder hast du ihn schon abgelegt?

Petrus sagt in 1. Petrus 6,7:
„Alle Sorge werfet auf ihn; denn er sorgt für euch!"

Das ist so eine tolle Zusage. Du musst den Rucksack gar nicht ständig mit dir herumtragen. Getrost und guten Gewissens kannst du dein Päckchen der Vergangenheit nehmen, es bei Jesus abladen und darauf vertrauen, dass er für dich sorgen wird.

Doch anstatt diese Päckchen bei Jesus abzuladen, packen wir eines nach dem anderen in unseren Rucksack. Der wird immer schwerer und schwerer.
Mich erinnert das ein wenig an meine Schulzeit. Für jedes Fach gab es ein dickes Buch, wir hatten Unmengen Hefte, in die wir hineingeschrieben haben und mussten fast immer alles mit nach Hause nehmen, um lernen zu können. Wenn ich etwas in der Schule vergessen hatte, musste ich zu einer Klassenkameradin fahren, um mir die Aufgaben aus dem Buch abzuschreiben. Hierzu war ich natürlich viel zu faul und habe dann meine Hausaufgaben entsprechend oft nicht gemacht. Irgendwann hatte ich dann begriffen, dass ich lernen muss, wenn ich einen vernünftigen Schulabschluss erreichen möchte. Also habe ich mir angewöhnt, meine ganzen Bücher immer dabei zu haben. Meine Schultasche war so schwer, dass ich sie nicht mehr auf der Schulter tragen konnte. Ich war mit dem Rad unterwegs und die schwere Tasche auf dem Rücken brachte mich aus dem Gleichgewicht. Also habe ich nach einer Lösung gesucht. Die erste Lösung war, die Schultasche in einem Fahrradkorb zu deponieren. Das war schon besser, trotzdem hatte ich das Gewicht noch bei mir. Erst, als ich auf die Idee gekommen bin, meine Bücher zu Hause auf

dem Schreibtisch zu behalten und nur das mit zur Schule zu nehmen, was ich an diesem Tag laut Stundenplan auch tatsächlich gebraucht habe, kam endlich die Erleichterung. Die Tasche war nicht einmal mehr halb so schwer. In den letzten beiden Schuljahren war ich dann so schlau, dass ich nicht einmal mehr Hefte gekauft habe. Ich hatte einen Ordner, den ich mit Hilfe von Trennblättern nach Fächern unterteilt hatte. Darin habe ich sowohl karierte als auch linierte Blätter abgeheftet. Alles, was ich aufzuschreiben hatte, landet in diesem einen Ordner. Und dieser eine Ordner hat mir für das gesamte Schuljahr ausgereicht. Mit dieser Methode hat mir ein einfacher Rucksack ausgereicht, der Platz für diesen Ordner und mein Federmäppchen hatte.

Vor allem mein Rücken bedankte sich bei mir dafür. Denn der litt ja enorm unter dem Gewicht.

Genauso, wie mit dem Schulrucksack, ist das mit deiner Seele. Wenn du alles, was du vielleicht einmal benötigen könntest, mit dir herumschleppst, wird dein Rucksack immer schwerer und schwerer. Irgendwann kannst du ihn nicht mehr tragen und brichst unter der Last zusammen.

Doch jetzt mal Hand aufs Herz: Wann braucht man denn seine Vergangenheit wieder? Vor allem, wenn sie solche starken Wunden hervorgerufen hat?

Ich war auch lange der Meinung, dass ich diese Erinnerungen irgendwann benötigen werde. Ja, aktuell brauche ich sie auch. Sonst könnte ich die Buchreihe gar nicht so effektiv schreiben. ABER: Dazu brauche ich nicht den ganzen Rucksack! Es genügt, dass ich das Wissen in kompakter Form dabei habe. Den Rest, das, was mich belastet, darf ich getrost bei Jesus abladen.

Bei ihm ist es gut aufgehoben. Er mistet meine Erinnerungen aus und bewahrt nur das auf, was ich wirklich noch einmal brauche. Den ganzen restlichen Müll, verschmierte Blätter, abgebrochene Stifte, unbrauchbare Bleistiftstummel und Radiergummireste, all das hat er entsorgt. Wenn ich eine Erinnerung benötige, dann sucht Jesus sie heraus und gibt mir nur das, was gerade notwendig ist. Der Rest bleibt bei ihm.

Ist nicht schon alleine dieser Gedanke befreiend?

Noch einmal: Jesus sagt, dass du ALL deine Sorgen auf IHN werfen sollst. Du darfst ALLES, wirklich ALLES bei ihm abladen. Es gibt nicht den geringsten Grund dafür, auch nur die kleinste belastende Erinnerung aufzubewahren.
Weder in deinem Herzen noch in einem Rucksack auf deinem Rücken. Gib den Rucksack an Jesus ab und vertraue darauf, dass er richtig damit umgeht.

Deine Aufgabe:

Öffne deinen Rucksack, nimm das, was sich in ihm befindet, heraus und lege es Jesus hin. Bitte Jesus darum, dir alles, was dich belastet, abzunehmen und deine schmerzenden Wunden zu versorgen. Nimm dir Zeit dafür. Geh ins Gebet und lass dir von Gott zeigen, was alles in diesem Rucksack ist. In diesem Buch sind ein paar Zeilen vorhanden, um einige Dinge stichpunktartig aufzuschreiben. Ich empfehle dir aber, dass du hierfür ein Notizbuch nimmst, das viel Platz bietet. Denn du wirst nicht alles gleich heute finden. Auch nicht in den nächsten Tagen oder Wochen. Mit der Vergangenheit aufzuräumen und mit sich selbst und seinem Leben ins Reine zu kommen bedeutet Arbeit. Viel Arbeit! Es bedeutet, dass du immer wieder mit Dingen konfrontiert wirst, die du aus deiner Vergangenheit mit dir herumschleppst. Lass es zu, dass Gott anfangen kann an dir zu arbeiten. Er wird dich nicht überfordern. Wenn du ernsthaft möchtest, dass sich in deinem Leben etwas ändert und du wirklich frei wirst, dann mach dich auf eine lange Reise gefasst. Deine Reise hat in dem Moment begonnen, in dem du entschieden hast, dass du deine Vergangenheit hinter dir lassen möchtest.
Jetzt wird es Zeit, den nächsten Schritt zu gehen. Mach dich auf den Weg. Er wird sich lohnen – versprochen!

Notizen

Wenn's nicht abreißt, dann schneid's ab!

„Der Geist des HERRN ist bei mir, darum,
dass er mich gesalbt hat; er hat mich gesandt, zu verkündigen
das
Evangelium den Armen, zu heilen die zerstoßenen Herzen, zu
predigen den Gefangenen, dass sie los sein sollten,
und den Blinden das Gesicht und den Zerschlagenen,
dass sie frei und ledig sein sollen,
und zu verkündigen das angenehme Jahr des HERRN."
Lukas 4,18-19

Im vorherigen Kapitel hast du darüber gelesen, dass es wichtig ist, den Rucksack mit deiner Vergangenheit abzulegen. Doch was ist, wenn immer wieder neue Dinge passieren, die dir den Boden unter den Füßen nehmen? Oder etwas, was dich an alte Zeiten erinnert und die Angst in dir hoch kommt. Was, wenn du das Gefühl hast, dass „es einfach nicht abreißen will"?

Ich habe dieses Gefühl ewig lange mit mir herumgetragen. Über Jahre hinweg hat mich der Gedanke verfolgt, dass die negativen Dinge in meinem Leben, meine Vergangenheit, all das, was mich belastet, einfach nicht abreißen will. Immer wieder kamen neue Situationen hinzu, die ich damit in Verbindung gebracht habe. Über Jahre hinweg war ich davon überzeugt, dass mein Leben offensichtlich dazu verdammt ist, ein ständiger Kampf zu sein.
Doch irgendwann hatte ich einfach keine Kraft mehr. Irgendwann war ich an dem Punkt, an dem alles versagt hat. Ich bin unter der Last meines Rucksacks zusammengebrochen. Und das im wahrsten Sinne des Wortes: Burn Out. Es ging nichts mehr. Wir waren gerade umgezogen, alles war fremd. Und ich stand vor einem Neurologen und bin wie ein leerer Kartoffelsack zusammengesackt, als der Arzt mich gebeten hat-

te, meine Augen zu schließen.

Aus diesem Burn Out wieder herauszukommen, hat mich mehrere Jahre gekostet. Teilweise konnte ich nur noch mit der Hilfe meines Mannes vom Bett auf das Sofa umziehen. Und da lag ich dann, bis er von der Arbeit zurück war. Die Schmerzen am Körper waren zwischenzeitlich so stark, dass ich auf die leichteste Berührung reagiert habe. An Schlaf war nicht zu denken.

Bis ich irgendwann die Schnauze voll hatte und mich entschlossen habe, noch einmal zu einem Arzt zu gehen. Da kam allerdings eine weitere Diagnose dazu: Fibromyalgie. Meine Nervenenden waren so sehr überstrapaziert, dass mein Körper gar nicht mehr anders konnte, als mit Schmerzen zu reagieren. Ich litt unter einer Posttraumatischen Belastungsstörung, Bluthochdruck, meine operierte Lendenwirbelsäule machte mir ebenfalls noch stark zu schaffen und ein Nerv, der meine rechte Körperhälfte zeitweise mit Lähmungserscheinungen attackiert hatte, lies mich immer wieder wissen, dass er noch beleidigt war.

Menschlich gesehen war ich ein einiges Wrack. Gezeichnet von einer Vergangenheit, die ich mir nicht ausgesucht hatte. Dass in mir starke Zweifel hochkamen, ist wohl selbsterklärend.

Bis ich wieder so viel Kraft hatte, zumindest stundenweise zu arbeiten, sind ab der Diagnose knapp 3 Jahre vergangen. Mein Sohn war bereits ein halbes Jahr in der Schule als ich mich endlich dazu überwinden konnte, einen neuen Job anzunehmen und den Schritt zurück ins Berufsleben zu wagen. Ab da konnte mein Heilungsweg beginnen.

Aber: Ich habe den blöden Rucksack immer noch ständig bei mir gehabt. Er war etwas leichter, aber immer noch da.

Und um sicher zu gehen, dass auch wirklich nichts verloren geht, habe ich mich noch zusätzlich an einem Seil mit dem Namen „Posttraumatische Belastungsstörung" festgeklam-

20

mert. Die Erinnerungen kamen immer und immer wieder. Wenn ich die Augen geschlossen habe, ist mein Leben wie ein Film vor mir abgelaufen.

Was ist der Grund dafür, warum Menschen es oft nicht schaffen, sich von verletzenden Dingen oder Menschen zu lösen und in die Freiheit gehen?
Die Antwort ist gar nicht so schwer: Die Macht der Gewohnheit hindert uns daran, endlich zuzulassen, dass Ketten reißen und wir in die Freiheit treten können. Neue Wege zu wagen und vielleicht auch das ein oder andere Mal an einer Kreuzung anders abzubiegen, als wir es bisher getan haben, bedeutet Mut. Mut, den Menschen in solchen Situationen nicht haben.
Es stimmt nicht, dass die Dinge einfach nicht abreißen. Vielmehr ist es so, dass wir uns krampfhaft an unserer Vergangenheit festklammern. Vor allem dann, wenn du ein anderes Leben, als das aus deiner Vergangenheit, nicht kennst.
So ging es mir über lange Zeit. Ich wusste nicht, wie sich eine funktionierende Ehe anfühlt. Um unsere Ehe zu stabilisieren hatten viel Unterstützung von anderen Ehepaaren, die uns mit Rat zur Seite standen und uns Tipps an die Hand gegeben haben. Ohne diese Hilfestellung hätte unsere Ehe nicht überlebt.
ABER: Auch das hat nur funktioniert, weil mein Mann und ich bereit waren, das Seil der Vergangenheit abzuschneiden und ein neues Band zu knüpfen.
Wir haben Jesus mit ins Boot geholt und ihm das Ruder überlassen.

Wie ist das denn bei dir? Welchen Teil deiner Vergangenheit schleppst du immer noch mit dir herum?
Welche Erinnerungen hast du im vorherigen Kapitel aufgeschrieben?
Nimm dir bitte noch einmal dein Notizbuch zur Hand und lies

21

dir durch, was du bisher notiert hast. Sind da Erinnerungen dabei, die du durch ein Seil fest an dich gebunden hast? Genau diese Seile sind es, die uns daran hindern, voranzugehen.

Die Bibel sagt in Jesaja 48,19-20:
„Gedenkt nicht an das Alte und achtet nicht auf das Vorige! Denn siehe, ich will ein Neues machen; jetzt soll es aufwachsen, und ihr werdet's erfahren, dass ich Weg in der Wüste mache und Wasserströme in der Einöde, dass mich das Tier auf dem Felde preise, die Schakale und Strauße. Denn ich will Wasser in der Wüste und Ströme in der Einöde geben, zu tränken mein Volk, meine Auserwählten."

Wow, welch starke Worte das doch sind. Gott hatte diese Worte an den Propheten Jesaja gegeben, um das Volk Israel zu ermutigen.
Und auch heute noch dürfen wir diese Zeilen als Ermutigung für unser eigenes Leben sehen. Gott möchte aus unserem Leben etwas Neues entstehen lassen. Etwas, was bisher noch nicht da war. Wozu aber dann diese Vergangenheit? Was bringt es für dein neues Leben, dass du im bisherigen Leben Verletzungen erleiden musstest, die dein ganzes Leben geprägt haben?

Ich möchte an dieser Stelle gerne ein Beispiel aus der Landwirtschaft anbringen:
Stell dir mal ein Stück Land, einen Acker, vor. Du erwirbst dieses Land und möchtest daraus einen schönen Garten machen. Wenn du jetzt hergehst und ohne die Erde zu bearbeiten einfach Gras aussähst und Blumensamen verstreust, wirst du erleben, dass du viel Zeit und Mühe, vermutlich auch Geld, in etwas investierst, was dir mit diesem Untergrund niemals gelingen wird. Warum nicht? Weil der Boden einst als Acker genutzt war und weder die nötigen Nährstoffe noch die rich-

22

tige Substanz hat. Ein Ackerboden ist nicht darauf ausgelegt, einen Garten mit Wiese und Blumen darauf entstehen zu lassen. Die Erde ist klumpig, die Nährstoffe sind für Getreide oder Gemüse ausgerichtet. Hier können zwar Wildblumen, wie Kornblumen oder Klatschmohn, wachsen, eine schöne Wiese wird daraus jedoch nicht werden. Du möchtest aber, dass daraus ein schöner Garten wird, in dem du im Sommer auf einer Liege im Schatten eines Baumes entspannen und Energie tanken kannst. Du möchtest unbedingt, dass dieser Acker als Ort zur Erholung dient und dir und anderen Menschen zum Segen wird.

Also musst du ihn bearbeiten. Zuerst gräbst du die Erde um. Entfernst Steine, alte Wurzeln, Äste etc. Einfach alles, was hier keinen Platz mehr hat.

Ist das erledigt, benötigt dein Ackerland neue Nährstoffe. Also gehst du in den Fachhandel und besorgst einen entsprechenden Dünger, mit dem du deinem Ackerboden nähren kannst.

Der Dünger wiederum benötig Wasser, Sonne und vor allem Zeit, damit er seine Arbeit erledigen kann. Also musst du jetzt erst einmal ein Jahr warten, bis der Boden soweit vorbereitet ist, dass er weiterbearbeitet werden kann. In diesem Jahr düngst du in regelmäßigen Abständen und gibst dem Boden Zeit, sich zu erholen und auf seine neue Aufgabe vorzubereiten.

Dann wird es Frühling und du freust dich darauf, endlich die nötigen Arbeiten erledigen zu können und einen Garten daraus zu machen.

Also besorgst du dir einen Pflug und gräbst die Erde erneut um. Der Pflug hinterlässt auf deinem Boden tiefe Furchen, die aber nötig sind, um überhaupt ans Sähen denken zu können.

Endlich kannst du damit beginnen, die Aussat vorzubereiten, Samen zu sähen und darauf zu warten, dass Gras und Blumen wachsen. Doch obwohl die Samen bereits ausgesät sind, musst du immer noch düngen, wässern und ansonsten einfach nur warten.

Nach einer schier unerträglich langen Zeit siehst du endlich die ersten Grashalme. Jetzt heißt es erneut: Ruhen lassen. Das Gras braucht auch wieder Zeit, um richtig wachsen zu können. Also lässt du es in Ruhe. Irgendwann kommt der erste Schnitt. Blumen wachsen und so ganz langsam lässt sich erahnen, dass hier einmal ein schöner Garten entstehen wird. Jetzt kannst du Bäume pflanzen lassen, vielleicht einen schönen kleinen Teich anlegen, Fische ansiedeln und eine Hütte bauen.

Dein Garten kann gegen Ende des Sommers zwar schon genutzt werden, bis die Bäume jedoch groß genug sind, Früchte tragen und dein Garten seine endgültige Bestimmung erreicht hat, vergeht noch einiges an Zeit.

Letztendlich gehen oft Jahre ins Land, bis aus einem Brachland ein schöner Garten wurde, der zum Erholen einlädt und für Menschen zum Segen werden kann.

Wie hängt das jetzt mit deiner Vergangenheit zusammen?

Dein Leben ist vergleichbar mit dem Ackerland. Bevor wir in unsere Berufung eintreten können, ist unser Leben erst einmal nur ein Boden. Da steht noch nichts, es ist noch nichts angepflanzt. Je nachdem, was die Bestimmung des Bodens ist, muss dieser Boden anders bearbeitet werden. In dem Beispiel wird ein Acker zu einem Garten umgearbeitet. Andere Böden werden vielleicht dafür vorbereitet, dass einmal ein Haus darauf gebaut werden kann. Auch hier ist viel Vorarbeit nötig, denn Leitungen müssen gelegt, das Grundstück an die Wasser- und Stromversorgung angebunden werden etc.

Ein einfacher Boden kann nicht einfach so, ohne bearbeitet zu werden, Früchte bringen oder Häuser tragen.

Auch du benötigst eine entsprechende Vorbereitung, um in deine Berufung zu kommen und für andere der Segen sein zu können, den Gott sich für dich überlegt hat.

Du hast eine Bestimmung in dieser Welt. Einen ganz bestimmten Platz, der für dich vorbereitet ist. Doch um in diese Bestimmung zu kommen, benötigst du eine entsprechende Vorbereitung.

Ich habe mich oft, wirklich sehr oft, gefragt, warum ich bestimmte Dinge erleben musste. Warum musste ich so viele Jahre unter Missbrauch leiden?

Die Tatsache ist, dass die schwierigsten Jahre meines Lebens nur einen Bruchteil der gesamten Vorbereitungszeit ausgemacht haben. Der Grund, warum ich lange Zeit immer noch darunter gelitten hatte, war der schwere Rucksack, den ich all die Jahre mit mir herumgetragen hatte.

Die Vergangenheit war immer und überall präsent. Obwohl die Jahre, in denen ich unter Missbrauch zu leiden hatte, längst vorbei waren.

Damit ist die Fragen nach dem Warum jedoch nicht geklärt. Warum gerade Missbrauch? Es hätte ja auch so viel anders sein können.

Mal ganz ehrlich: Es ist völlig egal, welche Verletzungen die Wunden verursacht haben. Verletzungen sind Verletzungen. Wenn ich mich mit einem Messer geschnitten habe, ist es egal, ob das ein Gemüsemesser oder ein Brotmesser war. Der Schnitt tut irre weh, muss gereinigt und verbunden werden, damit er heilen kann.

Es ist egal, ob jemand durch einen Arbeitsunfall oder einen Autounfall den Arm verliert. Der Arm ist weg und dieser Mensch muss lernen, ohne ihn zurecht zu kommen.

Genauso ist es egal, ob du durch Missbrauch oder durch andere Verletzungen dein Selbstwertgefühl eingebüßt hast. Wenn du dich durch etwas, was in deinem Leben vorgefallen ist, nicht mehr annehmen kannst, dann musst du lernen, dein ICH wieder zu lieben. Der Auslöser für den Verlust der Selbstliebe interessiert später niemanden mehr.

Ich erlebe in den Gesprächen mit anderen Menschen immer wieder, dass nur die wenigsten wissen möchten, was genau ich in meinem Leben alles erlebt habe. Viel interessanter ist für meine Gesprächspartner, was in meinem Leben dazu geführt hat, dass ich heute mein Selbstwertgefühl wieder habe und selbstbewusst und aufrecht durchs Leben gehen kann. Deshalb ist es so wichtig, dass du lernst, deinen Rucksack abzugeben.

Deine Aufgabe:

Auf der nächsten Seite, hast du wieder die Möglichkeit, dir Notizen zu machen. Nimm dir bitte wieder Zeit dafür und überlege einmal, wo du stehst und wo du hin möchtest.

Beispiel:
„Heute bin ich vergleichbar mit einem brachen Stück Acker-land.
In Zukunft möchte ich ein wunderschöner Garten sein, der für andere Menschen ein Ort der Erholung ist."

Im nächsten Schritt schreibst du dann auf, welche Veränderungen nötig sind, damit der Boden deines Lebens darauf vorbereitet ist, in seine Berufung zu kommen.

Notizen

Vergebung

„Und richtet nicht, so werdet ihr auch nicht gerichtet. Verdammt nicht, so werdet ihr nicht verdammt. Vergebt, so wird euch verge-ben!"
Lukas 6,37

Vergebung ist einer der wichtigsten Schritte überhaupt, wenn du in deine Berufung kommen und deine Vergangen-heit hinter dir lassen möchtest.

Solange du verbittert an dem hängst, was irgendwer einmal getan und dich damit verletzt hat, ist das Seil nicht abge-schnitten und der Rucksack nicht vollständig abgelegt.

Mein Pastor hat vor einiger Zeit einmal einen Satz zitiert, der mich sehr zum Nachdenken gebracht hat. Das war an dem Abend, an dem ich mich zum ersten Mal dazu durchgerun-gen hatte, mit dem Pastor aus der Heimatgemeinde meines Mannes zu sprechen. Ich hatte tief in mir den Wunsch, end-lich wieder in einer Gemeinde Fuß zu fassen und ein Teil ei-ner christlichen Gemeinschaft zu sein.

Doch meine Vergangenheit, die Angst vor dem Unbekann-ten und vor allem die Angst davor, dass der Versuch nicht funktioniert und ich danach wieder alleine dastehen würde, hatten mich lange Zeit daran gehindert, offen über mein Le-ben zu sprechen.

Und dann war es so weit. Wir sind bei uns im Wohnzimmer auf dem Sofa gesessen und ich habe meinen zukünftigen Pastor ein wenig aus meinem Leben und von meiner Angst erzählt.

Er hat mich sehr stark dazu ermutigt, in die Offensive zu ge-hen und über meine Vergangenheit zu sprechen. Begründet hat er das damals damit, dass die Gemeinde mir nur helfen kann, wenn sie weiß, wobei sie mir helfen muss. Eigentlich logisch, oder?

Und dann, ziemlich am Ende unseres Gespräches hat er noch

gesagt: „Weißt du Melanie, die Sünde verliert in dem Moment ihre Macht, in dem sie ausgesprochen wird!"

Ich kannte diesen Satz. Doch hatte ich ihn bis dahin immer nur mit meinen eigenen Verfehlungen in Verbindung gebracht.
Erst, nachdem ihn mein Pastor im Zusammenhang mit den Sünden gebracht hat, die andere an mir begangen haben, habe ich klarer gesehen:
Unsere Worte sind nicht einfach nur Worte. Sie können zum Segen oder zum Fluch für einen Menschen werden.
Das, was wir über einen Menschen aussprechen, hat Macht. So viel Macht, dass einfache Worte das Leben eines Menschen so sehr beeinflussen können, dass er entweder ein starkes Selbstbewusstsein aufbaut oder im schlimmsten Fall sogar Suizid begeht.
Über mich wurde viel ausgesprochen. Einige Jahre lang sehr viel, was mein Leben negativ beeinflusst hat. Immer wieder war ich kurz davor, meinem Leben ein Ende zu setzen, weil ich davon überzeugt war, wertlos zu sein.

Nach dem Gespräch mit meinen Pastor wurde mir klar, dass ich genau diese Flüche, nichts anders ist es, wenn man über eine Person Negatives ausspricht, brechen musste.
Sicher kannst du auch jemanden darum bitte, den Fluch zu brechen und Segen über dich auszusprechen. Mein Pastor hat auch für mich gebetet. Und das war auch wichtig. Ich bin auch fest davon überzeugt, dass das funktioniert. ABER: Wenn du dich weiterhin krampfhaft an diesen Flüchen festhältst, erreicht das beste Gebet eines anderen rein gar nichts. Wenn du wirklich aus tiefstem Herzen möchtest, dass sich dein Leben ändert, du in deine Berufung kommen kannst und dich in Gottes Gegenwart geborgen fühlen möchtest, dann musst du das Seil des Fluches durchtrennen! Nur so wirst du frei!

Jetzt stellst du dir vielleicht die Frage, wie du das erreichen kannst. Wie kann man als einfacher kleiner Mensch so ein dickes Seil durchtrennen?

Noch einmal: Die Sünde verliert in dem Moment ihre Macht, in dem sie ausgesprochen wird!

Und jetzt kommst du dran:
Deine Sünde ist, dass du deinen Peinigern noch nicht vergeben hast!
Rums! Das sitzt, stimmt´s?

Ich möchte an dieser Stelle ehrlich zu dir sein:
Mir ist das irre schwer gefallen. Die hatten doch mich verletzt. Die haben doch zu mir gesagt, dass ich nichts kann. Die haben doch mich nicht für voll genommen. Die haben doch von mir verlangt, dass ich nach deren Schnauze tanze.
Und ich? Ich habe mich zusammen mit meiner verletzten Seele in eine Ecke unter dem Tisch verkrochen, hinter Decken versteckt, damit mich auch wirklich niemand sehen kann. Und dort habe ich viele Jahre vor mich hin geschmollt, Wut und Zorn wurden zu den Kissen, in denen ich es mir gemütlich gemacht hatte und Selbstmitleid war mein ständiger Begleiter.
Es war notwendig, dass jemand hinter diese Decken geblickt und mir die Hand gereicht hat. Doch den Rest musste ich selbst machen. Es war an mir, aus meinem Versteck hervorzukommen, mich aufzurichten, meinen Schmollmund abzulegen und in die Offensive zu gehen.

Als ich das verstanden hatte, hat sich mein Leben fast schlagartig verändert.
Ich war in der Lage, mich vor die Gemeinde zu stellen und um Hilfe zu bitten. Ich stand da, mit Tränen in den Augen und

habe rund 60-70 Menschen, die ich zum größten Teil nur vom Sehen her kannte, darum gebeten, mir zu helfen endlich wieder ein Leben in Freiheit leben zu können. Vertrauen aufzubauen.

Doch es war noch etwas nötig: Ich musste den Menschen, die mich so sehr verletzt hatten, vergeben. Mir wurde klar, dass ich diese Menschen und das, was sie über mein Leben ausgesprochen hatten, so lange an mich binde, bis ich ihnen vergeben hatte.
Das war irre schwer und so ziemlich der schwierigste Schritt, den ich jemals in meinem Leben gehen musste.
Aber es war wichtig. Wir sind erst dann wirklich frei, wenn wir unseren Peinigern vergeben haben. Und damit meine ich nicht, einfach nur zu sagen: „Ich vergebe dir!".
Diese Aussage ist nur etwas wert, wenn sie von Herzen kommt.
Denn solange du die Worte, die andere über dich ausgesprochen haben, weiter in dir wirken lässt, können sie auch weiter Schaden anrichten. So lange du dich in deiner Höhle verkriechst, dich in Selbstmitleid badest und in Zorn, Wut und Unvergebenheit bettest, wird sich dein Leben nicht ändern.
So lange du es zulässt, dass der Teufel immer und immer wieder seine Finger in die offenen Wunden bohrt und Salz hinein streut, wirst du den Schmerz nicht los.
Doch in dem Moment, in dem du vergibst, verliert alles Negative, was jemals über dich ausgesprochen wurde, jegliche Macht über dein Leben.
Das Gefühl, welches dich durchströmt, wenn du von ganzem Herzen vergeben hast, ist unbeschreiblich. Manche Menschen berichten davon, dass sie sofort von einer unvorstellbaren inneren Wärme durchflutet wurden. Das war bei mir nicht so. Ich habe eine ganze Zeit gebraucht, bis der Gedanke an meine Vergangenheit keine Tränen mehr in meine Augen getrieben hat.

Als ich aber begonnen hatte zu realisieren, was in meinem Leben alles passiert ist, seit ich offen über meine Vergangenheit sprechen kann und vor allem auch vergeben habe, bin ich bildlich gesprochen um mehrere Zentimeter gewachsen. Mein Selbstbewusstsein wurde immer mehr gestärkt, weil ich durch die Vergebung auch nicht mehr ständig an meine Vergangenheit denken musste.

Genau das passiert nämlich, wenn du vergibst. Du legst deine Vergangenheit in Gottes Hände und übergibst ihm die Person, die du bisher an dich gebunden hast.

Dadurch ist in einem Leben eine Lücke entstanden. Und diese Lücke darfst du neu füllen.

In meinem Fall war das die Gemeinde, die diese Lücke gefüllt hat. Völlig unbewusst. Denn auf einmal war ich in der Lage, die positiven Aussagen über mein Leben für mich anzunehmen. Da sind Menschen in mein Leben getreten, die mir bestimmte Dinge zutrauen und mich ermutigen, den Weg, den ich eingeschlagen habe, weiterzugehen. Ich habe Freunde an meiner Seite, die mich unterstützen und mir den Rücken frei halten, wenn es nötig ist. Meine Kinder bauen Freundschaften auf und wir sind ein Teil einer christlichen Gemeinschaft.

Nach vielen Jahren der Einsamkeit ist mein sehnlichster Wunsch in Erfüllung gegangen: Ich habe meine geistliche Heimat gefunden und bin Teil einer großen christlichen Familie.

Bevor ich dieses Kapitel beende, möchte ich dir noch eines mitgeben: Vergeben bedeutet nicht, dass du zulassen musst, wieder in diese Situationen zu geraten, die die Verletzungen in dir hervorgerufen haben! Vergebung heißt, dass du das, was dich bindet, löst. Du lässt die Vergangenheit los und übergibst die Menschen, die es betrifft, an Gott.

Du darfst auch nachdem du vergeben hast, klare Grenzen

ziehen und entscheiden, wen du Teil deines Lebens sein lässt. Oder wen eben nicht. Du bist nicht dazu verpflichtet, Menschen, die dir nicht gut tun und dich von deinem Weg, den Gott für dich bereitet hat, abbringen würden, in dein Leben zu lassen.

Denn du darfst eines bedenken: Heilung braucht Zeit! Die Vergebung ist in diesem Prozess nicht der Schluss, sondern der Anfang. Erst, wenn du vergeben hast, können deinen Wunden beginnen zu heilen. Und je nach Größe und Tiefe der Verletzung unterscheidet sich die Zeit, die für eine vollständige Heilung nötig ist. Während manche Wunden schnell verheilt sind und man betroffene Personen auch schnell wieder in die Arme schließen kann, brauchen andere Wunden einige Jahre und viel positive Erlebnisse, um so gut verheilt zu sein, dass du in der Lage sein wirst, deinen Peinigern gegenüberzutreten.
Vermutlich hast du bis dahin gar nicht mehr das Bedürfnis danach. Und auch das ist dann absolut ok. Du bist nicht dazu verpflichtet, Menschen in dein Leben zu lassen, die dir nicht guttun.
Joyce Meyer hat einmal in einem Buch geschrieben: „Manche Probleme lassen sich nur lösen, indem wir uns von Menschen, die uns nicht guttun, trennen."

Psalm 1,1-2 beschreibt genau das:
„Wohl dem, der nicht wandelt im Rat der Gottlosen noch tritt auf den Weg der Sünder noch sitzt, wo die Spötter sitzen, sondern hat Lust am Gesetz des HERRN und redet von seinem Gesetz Tag und Nacht!"

Menschen zu missbrauchen, egal in welcher Form, ist Sünde. Negatives über einen Menschen auszusprechen ist Sünde. Über Menschen zu lästern ist Sünde. Jemanden zu verspotten ist Sünde!

Halte dir Psalm 1,1-2 immer wieder vor Augen, wenn du ein schlechtes Gewissen bekommst und dir der Teufel einreden will, dass du bereit sein musst, mit Menschen zusammen zu sein, die dir nicht gut tun.

Falls du dir jetzt denkst, dass Vergebung doch auch bedeutet, sich in Nächstenliebe zu üben, stimme ich dir ebenfalls zu.
Ja, Vergebung bedeutet auch das. Wir kommen täglich in Situationen, in denen uns wenige Worte verletzen. Oft werden diese Worte unbewusst ausgesprochen oder waren anders gemeint, als sie beim jeweiligen Gegenüber angekommen sind.
Ohne Vergebung und die Offenheit, sich wieder in die Arme nehmen zu können, kann Gemeinschaft unter Menschen nicht funktionieren.
Doch von solchen Situationen ist hier nicht die Rede!
Dieses Buch bespricht das, was dich so gebunden hat, dass dein ganzes Leben nachhaltig davon beeinflusst hat. Von diesem Teil deiner Vergangenheit darfst du dich vollständig lösen.
Wenn du Schwierigkeiten damit hast, im ganz normalen täglichen Miteinander zu vergeben und auf deine Mitmenschen zuzugehen, dann geh ins Gebet und bitte Gott darum, dass er dich mit Nächstenliebe ausstattet und dir dabei hilft, mit den täglichen Kleinigkeiten richtig umzugehen.

Jetzt bist du an der Reihe!

Nimm dir wieder Zeit. Viel Zeit! Denn die wirst du benötigen. Ich bitte dich an dieser Stelle nicht, dir Notizen zu machen. Ich bitte dich jedoch, ins Gebet zu gehen. Lege Gott deine ganzen Verletzungen hin. Sprich die Namen der Personen aus, die dich verletzt haben und denen du noch nicht vergeben konntest.

Und dann sprich die Vergebung aus! Immer und immer wieder. Wiederhole das so lange, bis du spürst, dass du innerlich ruhiger wirst und du in deinem Herzen einen Frieden spürst, den du bisher nicht gekannt hast.

Ich kann dir nicht sagen, was genau passieren wird und wie du dich dabei fühlst. Ich kann dir auch nicht sage, ob du es direkt aufs erste Mal schaffst, wirklich von Herzen zu vergeben.

Was ich dir aber zusichern kann, ist, dass du es spüren wirst, wenn dein Herz vergeben hat. Denn der innere Frieden, den du nach einer ehrlichen Vergebung spürst, wird etwas sein, das du bisher nicht gekannt hast. Zumindest nicht in dieser Form.

Notizen

Selbstwert – was ist das?

„Du bist kostbar in meinen Augen und ich liebe dich!"
Jesaja 53,4

Hey, du bist schon ganz schön weit gekommen. Jetzt wird es Zeit, dass wir besprechen, was Selbstwert ist.
Die Psychologie versteht unter diesem Wort, dass das der Wert ist, den man sich selbst gibt. Darum auch der Begriff SELBST – WERT!
Missbrauch bedeutet, dass jemand in irgendeiner Form für eine Zeit entschieden hat, was du zu tun und zu lassen hast. Diese Person hat mit dir das gemacht, was sie wollte. Sie hat dich gesteuert. Unter Missbrauch fällt nicht nur der sexuelle Missbrauch, sondern alles, was fremdbestimmt gegen unseren Willen gemacht wird.
Sehr häufig sind Menschen von emotionalem Missbrauch betroffen. Hier kommt jemand, der dich abwertet, dir das Gefühl gibt, nichts zu können, nichts wert zu sein. Das können Worte sein, die über dir ausgesprochen wurden, oder Handlungen, zu denen du gegen deine Überzeugung überredet wirst.
Emotionaler Missbrauch ist oft schleichend und zieht sich ganz langsam wie ein dünner Schleier über dein Leben.
Irgendwann bist du so fremdgesteuert, dass du alles, was dir von diesen Personen gesagt wird, glaubst.
Und das macht das Bild, das du von dir selbst hast, völlig kaputt: Dein Selbstwertgefühl ist zerstört!

In den letzten Jahren, vor allem seit ich in die Offensive gegangen bin, habe ich viele Menschen kennengelernt, die oft über einen langen Zeitraum hinweg so sehr von anderen Menschen beeinflusst wurden, dass ihr Selbstwertgefühl völlig zerstört war.
Mir ging es ja auch so. Im Kapitel über die Vergebung habe

40

ich darüber geschrieben, wie zerstörerisch Worte sein können. Das, was Menschen über einen aussprechen hat eine unheimliche Macht. Mit jedem Wort, das deinen Mund verlässt, kannst du Segen oder Fluch aussprechen.

Was passiert jetzt in dir, wenn dein Selbstwertgefühl zerstört ist?
Du hast den Blick dafür verloren, wer du wirklich bist. Du weißt nicht mehr, welchen Wert du hast. Du kannst deinen eigentlichen Wert nicht mehr einschätzen.
Der Teufel macht sich das zunutze und redet dir immer und immer wieder ein, dass du nichts kannst, nichts auf die Reihe bekommst, dein ganzes Leben ein einziger Schrotthaufen ist und du keinen Wert hast.

Doch stimmt das wirklich? Ist es wirklich so, dass unser Leben an Wert verliert, weil wir nicht alles so hinbekommen, wie wir das möchten. Oder wie andere Menschen sich das für uns vorstellen?

Stell dir einmal vor, du findest auf dem Trödelmarkt einen Ring. Man kann erahnen, dass das er irgendwann einmal silber gewesen sein mag. Doch jetzt sieht er ehr schwarz und schmutzig aus. Der Stein wirkt billig und ist angelaufen. Entsprechend günstig wird er aus verkauft.
Irgendetwas gefällt dir aber daran und da er auf deinen Finger passt, kaufst du ihn.
Zuhause versuchst du zuerst, den offensichtlichen Schmutz mit Seife wegzubekommen. Nachdem das nicht klappt, nimmst du die Hilfe eines alten Hausmittels zur Hand, legst ein Stück Alufolie ins Spülbecken, den Ring darauf und übergießt ihn mit kochendem Wasser. Für einen Moment hast du zwar Bedenken, ob der Ring dem kochenden Wasser standhält, da er aber ja nicht viel gekostet hat, nimmst du dieses Risiko in Kauf.

Nach einigen Minuten lässt du das Wasser ab und beginnst, den Ring mit einem weichen Tuch zu polieren. Während dein Tuch immer schwärzer wird, beginnt der Ring immer mehr zu strahlen. Dir fällt auf, dass sich die schwarze Verfärbung immer besser löst und so polierst du so lange, bis der Ring wieder vollständig in einem schönen Silber erstrahlt. Wow, was für ein toller Ring! Allerdings hat er immer noch ein kleines Manko: Der Stein wirkt nach wie vor so angelaufen. Wer weiß, vielleicht versteckt sich dahinter ja sogar ein wertvoller Stein. Also entscheidest du dich, den Ring zum Fachmann zu bringen und ihn beim Juwelier noch fachmännisch reinigen zu lassen. Nach einer kurzen Wartezeit kommt der Juwelier damit aus seinem Hinterzimmer und übergibt dir einen strahlenden Ring mit einem eingearbeiteten Diamanten. Es ist immer noch der Ring, den du für wenige Geld am Trödelmarkt erstanden hast.

Doch hinter dem ganzen Schmutz verbirgt sich eine unendliche Schönheit. Die Gravur, die sich auf der Innenseite des Ringes befindet, verrät dem Juwelier, dass es sich um ein absolutes Einzelstück von unbezahlbarem Wert handelt.

Bist du schon einmal auf die Idee gekommen, dass dein Leben genauso ist, wie dieser Ring?

Der ganze Schmutz, die Verletzungen, Risse und tiefen Wunden haben deine Wahrnehmung so sehr verzerrt, dass du deinen eigentlichen Wert nicht mehr richtig einschätzt.

Doch in den richtigen Händen und mit dem richtigen Mittel gereinigt und poliert lässt sich der unendliche Wert, den du hast, erkennen.

In dir steckt so viel mehr, als alles, was du dir jemals in deinem Leben vorstellen kannst.

Vielleicht ist dein Selbstwertgefühl gesund und stabil. Vielleicht kennst du deinen Wert und bist dir deiner Begabungen und Fähigkeiten bewusst.

Vielleicht aber auch nicht!
Ich war lange Zeit davon überzeugt, dass ich nichts wert bin, ohnehin nichts kann und mich niemand für voll nimmt. Selbst dann noch, als ich meinen Mann geheiratet habe und er mir immer und immer wieder gesagt hat, wie sehr er mich liebt. Trotzdem habe ich mich nutzlos und wertlos gefühlt.

Woher kommt das?
Was negative Worte ausrichten können, haben wir bereits besprochen. Du weißt, wie wichtig es ist, zu vergeben. Denn nur, wenn du vergeben hast, bist du auch frei. Und nur, wenn du frei bist, hast du eine Chance, deinem Leben eine Wendung zu geben.
Allerdings kann es durchaus sein, dass dein Blick noch so getrübt ist, dass du erst noch etwas Zeit benötigst, dich neu zu orientieren. Vielleicht hast du dich zum Selbstschutz lange Zeit so verschlossen gehabt, dass du niemandem mehr Glauben schenkst. Das muss erst wieder neu gelernt werden. Die Notwendigkeit, genau das zuzulassen, darfst du nicht unterschätzen.
Denn genauso, wie negative Worte uns beeinflussen, haben auch positive Worte ihre Wirkung auf unser Leben.
All das, was im Positiven über deinem Leben ausgesprochen wird, kann sich jedoch nur entfalten, wenn du diesen Worten Glauben schenkst und darauf vertraust, dass es Menschen in deinem Leben gibt, die es gut mit dir meinen.

Als ich mich entschieden hatte, den Schritt zu wagen und der Gemeinde meines Mannes eine Chance zu geben, war das mit einem sehr großen Vertrauensvorschuss verbunden. Das war alles, nur nicht einfach.
Dieser Vorschuss war aber nötig, damit ich eine Chance hatte, überhaupt jemals wieder so viel Vertrauen aufzubauen, dass ich es zulassen konnte, Menschen eine echte Chance zu geben.

Nachdem ich den Menschen, die mich einst so verletzt hatten, vergeben habe, ist eine Lücke in meinem Leben entstanden.

Plötzlich war das Seil gerissen, der Rucksack abgelegt und ein großer Teil meiner Lebensgrundlage verschwunden.

Nochmal zur Erinnerung: Solange du nicht vergeben hast, bist du gebunden und schleppst alle Erinnerungen und jede noch so kleine Verletzung mit dir herum.

Wenn das dann nicht mehr vorhanden ist, entsteht unter Umständen eine ziemlich große Lücke.

Ich war an einem Punkt in meinem Leben angekommen, an dem ich mich gefühlt habe, wie Abraham, Mose, David, Salomo, Ruth und Jona zusammen.

Auf der einen Seite war ich kein Kind mehr, sondern eigentlich ein alter Hase im Glauben. Ich bin in einem christlichen Elternhaus aufgewachsen und kannte die Bibel oberflächlich gesehen sehr gut. Also, ich wusste wo was steht. Dass ich die Bedeutung größtenteils nicht kapiert hatte, steht auf einem anderen Blatt. Ich war davon überzeugt (schlechte Selbsteinschätzung) dass ich nicht reden kann. Ich habe es geliebt, Lobpreislieder zu singen und Gott anzubeten, doch fühlte ich mich wie ein Kleinkind im Glauben, weil ich Glaubenstechnisch gesehen aus einer völlig anderen Kultur kam. Ich war eine Fremde und musste mich öffnen, um diese mir unbekannte Kultur kennenzulernen.

Und nachdem ich so oft gehört hatte, was ich alles NICHT konnte, wozu ich alles NICHT fähig war, lief ich vor Gott davon in dem festen Glauben, dass mich ohnehin keiner ernst nehmen würde.

Verzerrter konnte mein Selbstbild gar nicht sein.

Zurück zu der Lücke, die nach der Vergebung entstanden ist. Du hast jetzt diesen Schritt gemacht und aus ganzem Herzen vergeben.

Doch trotzdem ist da diese Leere in deinem Herzen. Beziehungsweise ist sie durch die Vergebung entstanden. Jetzt liegt es an dir, diese Lücke füllen zu lassen.

Und zwar von Gott! Er ist es, den du in dein Leben hineinlasen musst, damit dieser Krater in dir mit den richtigen Materialien aufgefüllt wird und heilen kann.

Mit der richtigen Basis bist du auch offen für die positiven Dinge. Für das, was Menschen dir zutrauen. Irgendwann wirst du in der Lage sein, Kritik anzunehmen, ohne dich angegriffen zu fühlen. Vergiss nicht, dass Kritik wichtig ist. Du bist ein wertvoller Edelstein und Edelsteine müssen geschliffen werden. Diamanten schleift man mit einem Diamanten. Warum? Weil das das einzige „Werkzeug" ist, das in der Lage ist, dieses extrem harte Material zu bearbeiten. Deshalb gehört das gegenseitige Schleifen auch zu einer Gemeinschaft dazu. Hier kommt wieder die tägliche Vergebung ins Spiel, die es uns ermöglicht, miteinander auszukommen.

Wenn jetzt negative Worte so viel in uns ausrichten können, was erreichen dann erst positive Worte?

Die Worte, die für dich zum Segen werden sollen?

Sobald du dafür offen bist zuzulassen, dass Gott an dir arbeiten kann, wirst du erleben, wie all das Positive beginnt, dich aufzurichten.

Du wirst erleben, wie dein Selbstbewusstsein steigt, dein Vertrauen anderen Menschen gegenüber stärker wird und du dich traust, Schritte zu gehen, von denen du nie gedacht hast, dass sie für dich überhaupt jemals relevant sein würden. Plötzlich sind da Menschen, die dir etwas zutrauen. Menschen, die dich für das, was du tust, loben. Menschen, die dir für deinen Einsatz danken. Und wenn du beginnst, genau das wahrzunehmen, wird sich auch dein Selbstbild entsprechend verändern.

In Psalm 139,14 lesen wir:
„Ich danke dir dafür, dass ich wunderbar gemacht bin; wunderbar sind deine Werke, und das erkennt meine Seele wohl."

Schreib dir diesen Vers am besten auf ein schönes Blatt Papier, rahme es ein und hänge dir das Vers-Bild an einen Ort auf, an dem du es mindestens einmal täglich siehst.
Du bist wertvoll. Egal, wie sehr du durch deine Vergangenheit meinst, verunstaltet zu sein. Unter der äußeren Fassade verbirgt sich immer noch dieser eine wertvolle Mensch, den Gott sich gedacht hat, als er dich schuf!

Vielleicht waren diese Menschen, die es ehrlich mit dir meinen, auch schon zu einem früheren Zeitpunkt in deinem Leben. Mir ging das immer und immer wieder so.
Ich habe ja einige Versuche gestartet, noch einmal neu anzufangen. Dass diese Versuche gescheitert sind, lag aber nicht an den anderen Menschen. Von denen, die mein Leben so durcheinandergebracht hatte, hatte ich mich ja bereits getrennt.
Da ich aber ja noch so viele Jahre in Unvergebenheit gelebt hatte und ich meinen Rucksack immer schön brav mit mir herumgeschleppt habe, war mein Herz nicht offen für die „neuen" Menschen in meinem Leben. Es war schlichtweg kein Platz in meinem verletzten Herz.
Nachdem ich vergeben und den Rucksack abgelegt habe, war dieser Platz da. Und ab da hatte Gott die Möglichkeit, in mir zu arbeiten.

Deine vorletzte Aufgabe in diesem Buch ist folgende:

Bitte Gott, die Lücke, die jetzt da ist, zu füllen. Bitte ihn darum, dich mit Weisheit auszustatten, welchen Menschen du trauen kannst und von wem du dich besser fernhältst. Gib Gott die Chance, eine ehrliche Chance, dein Leben völlig auf den Kopf zu stellen und dir den Weg zu ebnen, den du gehen musst, um aus dem Stück Ackerland einen blühenden Garten zu machen. Er wird dir das Werkzeug zur Verfügung stellen und dafür sorgen, dass dein Leben in neuem Glanz erstrahlt. Du erinnerst dich an den Ring? Der bist DU!

Notizen

Ein Leben in Dankbarkeit

Seid allezeit fröhlich, betet ohne Unterlass, seid dankbar in allen Dingen; denn das ist der Wille Gottes in Christo Jesu an euch
1.Thessalonicher 5,16-18

Wow, so schnell geht's und schon sind wir im letzten Kapitel in diesem Büchlein angekommen.

Nachdem du jetzt deinen Wert kennst, wird es Zeit, dass du lernst, deine Grundeinstellung umzuprogrammieren.

Dankbarkeit ist mit der wichtigste Baustein, den dein Leben benötigt, damit ein stabiles Mauerwerk aufgebaut werden kann.

Dankbarkeit bedeutet, die positiven Dinge im Leben zu sehen und zu schätzen.

Da du jetzt ja deine Vergangenheit hinter dir gelassen hast und zulässt, dass Gott dein Leben neu sortiert, hast du auch allen Grund dafür, dankbar zu sein.

Dankbar zu sein ist nicht nur eine oberflächliche Aussage. Es ist auch keine Entscheidung.

Wir lernen unseren Kindern, dass sie sich bedanken sollen, wenn sie etwas geschenkt bekommen. Hast du schon einmal darüber nachgedacht, warum wir das tun?

Da kommen verschiedene Möglichkeiten in Betracht.

* Weil man das so macht
* Ein Akt der Höflichkeit und des Respekts
* Wir sind tatsächlich über das uns Gegebene dankbar
* Unsere Grundeinstellung ist eine Einstellung der Dankbarkeit

Fällt dir bei dieser Auflistung etwas auf? Wo ordnest du dich ein, wenn du dich für etwas bedankst?

Ich behaupte, dass viele Menschen sich nur für die Dinge

bedanken, weil sie es so von ihren Eltern beigebracht bekommen haben. „Bitte und Danke" gehört dazu. Diese Worte
nicht zu benutzen wäre ein Zeichen von fehlendem Respekt
und mangelnder Höflichkeit.
Also werden sie verwendet. Ob ehrlich gemeint, oder nur
dahin gesagt, ist erst einmal zweitrangig.

Beobachtet man die jungen Menschen von heute, dann bekommt man solche Worte nur noch selten zu hören.
Mein Sohn hat neulich einmal zu meinem Mann gesagt: „Ich
bedanke mich halt auf meine Art!". Diese Aussage kam, weil
mein Mann sich darüber beklagt hat, dass unser Sohnemann
das kleine Wörtchen „danke" nicht über die Lippen gebracht
hat. Und dass, obwohl wir es ihm von klein auf beigebracht
haben.
Ich habe mich dann darauf hin gefragt, ob es wirklich zwingend nötig ist, das Wort Danke auch genau so auszusprechen.

Dieser Frage bin ich auf den Grund gegangen und möchte
sie an dieser Stelle auch für euch beantworten.

Ist es zwingend nötig, das Wort „Danke" auszusprechen?

Ich denke nicht, dass das mit mangelnder Höflichkeit oder
fehlender Dankbarkeit zu tun hat, wenn Dankbarkeit nicht in
Worten ausgedrückt wird. Vielmehr bin ich davon überzeugt,
dass Kinder und Jugendliche heutzutage einfach zu viele
andere Dinge im Kopf haben. Außerdem hat jeder Mensch
auch eine andere Art sich auszudrücken. Mein Sohn hat es
sehr treffend formuliert, als er erklärt, dass er auf seine Art
Dankbarkeit zeigt.
Die Zeiten wandeln sich und auch die Menschen verändern
sich mit der Zeit. Über die vielen Jahrtausende hat es sicher
schon sehr viele verschiedene Möglichkeiten gegeben, sich

für etwas zu bedanken. In manchen Ländern ist es üblich, für ein Geschenk ein Gegengeschenk zu bringen. Auch kann ein Lächeln die Dankbarkeit eines Menschen ausdrücken.

In anderen Ländern verneigt man sich voreinander, um Respekt und Dankbarkeit zu signalisieren.

Ja, Dankbarkeit in Worten auszudrücken ist eine sichere Methode, mit der jeder hörende Mensch die Dankbarkeit eines anderen verstehen kann. Viel wichtiger ist aber doch, dass wir lernen, die Sprache unseres Gegenübers zu verstehen.

Jedes meiner drei Kinder hat eine andere Art, sich bei mir zu bedanken. Während die eine der Zwillinge laut „Juhu" ruft, wenn sie sich vor Dankbarkeit freut, sagt die andere gerne, dass ich die beste Mama der Welt bin. Und mein Sohn lächelt und seine Augen verwandeln sich in strahlende Edelsteine. Ganz ehrlich? Das ist tausendmal mehr wert, als das Wort „DANKE" zu hören. Denn in den Blicken meiner Kinder und ihrer ausgedrückten Freude erlebe ich jeden Tag aufs Neue, dass sie für die Dinge, die sie bekommen, dankbar sind.

Paulus schreibt im 1.Thessalonicher, dass wir in allen Dingen „Danke" sagen sollen.

Vielleicht denken wir deshalb immer noch, dass wir Dankbarkeit in Worten ausdrücken müssen.

Allerdings hat Paulus das gar nicht so gemeint. Denn es gib durchaus Situationen, in denen wir uns gar nicht mit Worten bedanken können. Von einem stummen Menschen erwarte ich auch nicht, dass er sich mit Worten bedankt und ein Babylächeln wird ebenfalls als Dank akzeptiert.

Was Paulus damit sagen möchte ist Folgendes:

Dankbarkeit ist eine Grundeinstellung! Wir müssen an den Punkt kommen, für alle Dinge in unserem Leben dankbar zu sein. Egal was passiert. Egal, in welchen Umständen wir leben.

Wenn wir das können, dann sagen wir immer Danke. Auch

dann, wenn wir es nicht mit Worten ausdrücken können.

Kannst du dir vorstellen, in einer Baracke zu leben, kaum Nahrung zu haben, nicht duschen zu können und von Flöhen umgeben zu sein? Und dann dafür auch noch „Danke" sagen zu können? Nein? Ich auch nicht.
Corrie ten Boom konnte das. Und ihre Schwester auch. Die beiden hatten es als junge Frauen geschafft, ihre Bibeln mit ins KZ zu schmuggeln. Sie lebten in einer Baracke, in der es vor Flöhen nur so wimmelte. Corrie ten Booms Schwester war es, die dazu aufgefordert hat, auch für die Flöhe zu danken.
Das hat sicher sehr viel Überwindung gekostet. Denn diese Viecher sollen ja ziemlich jucken, wenn man sie mal hat. Nicht ohne Grund beißen sich Tiere, die von Flöhen besiedelt werden, blutig, weil sie es anders nicht schaffen, dem Juckreiz zu entkommen.
Doch diese jungen Frauen haben es geschafft, aufrichtig dankbar zu sein, dass sie Flöhe in der Baracke hatten.
Irgendwann haben sie sich gewundert, warum ihre Baracke eigentlich nie kontrolliert wurde und die nächtlichen Bibelstunden nicht aufgefallen sind.
Da haben die beiden erfahren, dass das an den Flöhen liegt. Die Wärterinnen haben diese Baracke gemieden, um von den Flöhen verschont zu bleiben.

Ich finde das unheimlich inspirierend. Denn man muss ich ja auch einmal überlegen, unter welchen Umständen die beiden dort gelebt haben. Sie waren Gefangene, immer in der Angst, getötet zu werden. Ihr Instinkt sagte nur: Überleben, koste es was es wolle! Und dennoch haben sie Gott jeden Tag aufs Neue für alles gedankt, was ihnen eingefallen ist.

Auf mein Leben übertragen bedeutet das für mich, dass ich Gott auch für die Zeiten in meinem Leben dankbar sein soll und darf, die ich gerne aus meinem Kalender streichen würde.

Das sind mal soeben die ersten knapp 30 Jahre meines Lebens. Und dennoch bin ich dankbar dafür. Denn auch in diesen Jahren habe ich viel Gutes erlebt. Der Missbrauch war zwar ein großer Teil meines Lebens, trotzdem hat Gott immer dafür gesorgt, dass das Gute in mir wachsen konnte.

Ich habe Menschen kennengelernt, die heute noch für mich eine große Bereicherung sind. Menschen, die mich durch schwere Jahre der Jugend hindurchbegleitet haben. Ich hatte Lehrer, die an mich geglaubt haben und Freunde, mit denen ich meinen Glauben offen leben konnte. Ich habe eine Familie, die mich liebt und unterstützt, wenn ich Unterstützung benötige.

Ich denke, dass jeder Mensch Zeiten und Phasen ins einem Leben hat, in denen er nicht unbedingt locker flockig zu allem danke sagt, was gerade um ihm herum passiert.

Doch hast du dir auch schon einmal die Mühe gemacht, dich nach einem beschissenen Tag hinzusetzen und ganz bewusst Gott für alles zu danken, was an diesem Tag passiert ist? Den Blick ganz bewusst auf die positiven Dinge zu lenken und dafür zu danken?

Wenn nicht, dann mach eine Übung daraus und integriere das in deinen Alltag. Denn Dankbarkeit ist keine Momentaufnahme. Dankbarkeit ist eine Grundeinstellung, die unseren Lebensmotor runder laufen lässt und dafür sorgt, dass das Leben ein großes bisschen schöner wird.

Und genau daran möchte ich in diesem Kapitel mit dir zusammen arbeiten.

Maxwell Malz, ein plastischer Chirurg in den 1950er Jahren, hat einmal die Theorie aufgestellt, dass es mindestens 21 Tage dauert, bis ein Mensch seine Gewohnheiten umstellen kann.

Philippa Lally und ihr Team vom University College London

haben einer Studie erforscht, wie lange es dauert, bis sich eine Gewohnheit ändert. Und dort heißt es, dass es rund 66 Tage dauert.

Diese beiden Zeiträume sind sehr unterschiedlich und doch sind beide richtig. Denn letztlich ist jeder Mensch anders und jedes Gehirn lässt sich unterschiedlich schnell umpolen. Manche Menschen benötigen wirklich nur rund 21 Tage, andere wiederum brauchen fast ein Jahr, bis sie eine Veränderung verinnerlicht haben.

In der heutigen Praxisaufgabe bekommst du von mir eine Art Tagebuch an die Hand, auf der du in den nächsten 7 Tagen täglich aufschreiben sollst, wofür du dankbar bist. Das ist bei weitem nicht die Zeitspanne, die wir benötigen, aber ich denke doch, ein guter Anfang. Und wenn du langfristig daran arbeiten möchtest deine Gewohnheiten zu ändern und zum Beispiel Dankbarkeit zu deiner Grundeinstellung zu machen, dann lege ich dir das Buch „365 Tage voller Dankbarkeit" ans Herz. Dieses Buch ist ein Andachtsbuch, allerdings ein wenig anders aufgebaut, als du es wahrscheinlich kennst. Denn neben der täglichen Bibelstelle, die immer etwas mit Dankbarkeit zu tun hat, findest viele Zeilen, die dafür gedacht sind, dass du aufschreiben kannst, wofür du an diesem Tag dankbar bist und wie du Dankbarkeit und den Tagesvers in deinem Leben umsetzten möchtest.

Auf den folgenden Seiten hast du genau dieses Konzept zum Testen.

Wenn du dich jetzt fragst, wie du für alles dankbar sein kannst, kann ich dich beruhigen: Paulus sagte nicht, dass wir für alles dankbar sein sollen, sondern in allem! Das ist ein kleiner Unterschied mit großer Wirkung.

Wir können gar nicht für alles dankbar sein. Es gibt immer wieder Situationen, bei denen man sich fragt, wozu das gut sein sollte. Warum musste das sein? Wieso müssen Menschen bei einem Unfall so sehr verletzt werden, dass sie ihr ganzes Leben lang davon gezeichnet sein sind oder sogar an ihren Verletzungen sterben? Sollen wir dankbar dafür sein, dass Familien auseinanderbrechen, weil nicht alle Familienmitglieder der gleichen Meinung sind? Wie können wir dafür dankbar sein, dass Menschen chronische Krankheiten bekommen, die ihr ganzes Leben beeinflussen wird? Warum existiert so etwas wie Krieg, Hunger, Streit etc. überhaupt? Sollen wir dafür dankbar sein?

Die Antwort lautet: NEIN! Ich betone an dieser Stelle noch einmal, was Paulus gesagt hat: Seid IN allen Dingen dankbar! Es hat nichts mit mangelndem Glauben zu tun, wenn wir nicht immer für alles dankbar sind. Wir sind Menschen! Es ist normal, auch einmal wütend zu sein oder eben auch einmal nicht zu verstehen, warum gewisse Dinge in unserem Leben passieren.
Was du aber trainieren kannst, ist, IN allen Dingen dankbar zu sein.
David ist hier ein sehr gutes Vorbild. Ich glaube, keiner von uns kann sich wirklich vorstellen, was in ihm vorgegangen sein muss, als er sich vor seinem eigenen Sohn verstecken musste. Er, der König, war gezwungen, in die Berge zu flüchten, um überleben zu können. Und dass nur, weil sein Sohn seinen Platz einnehmen wollte. Ich glaube nicht, dass David dort in seinem Versteck saß und Gott dafür dankte, dass er mal wieder in den Bergen Verstecken spielen musste. Vielmehr bin ich überzeugt, dass er allerdings sehr wohl in dieser Situation dankbar war, dass Gott ihn versorgen und für ihn kämpfen wird.

Psalm 3 ist spricht von dieser Situation:
„Ach HERR, wie sind meiner Feinde so viel und setzen sich so viele wider mich! Viele sagen von meiner Seele: Sie hat keine Hilfe bei Gott. Aber du, HERR, bist der Schild für mich und der mich zu Ehren setzt und mein Haupt aufrichtet. Ich

56

rufe an mit meiner Stimme den HERRN; so erhört er mich von seinem heiligen Berge. Ich liege und schlafe und erwache; denn der HERR hält mich. Ich fürchte mich nicht vor viel Tausenden, die sich umher gegen mich legen. Auf, HERR, hilf mir, mein Gott! Denn du schlägst alle meine Feinde auf den Backen und zerschmetterst der Gottlosen Zähne. Bei dem HERRN findet man Hilfe. Dein Segen komme über dein Volk!"

Diesen Psalm hat David geschrieben, als er sich vor Absalom versteckt hatte. David dankte Gott nicht für die Situation. Aber er hatte so viel Vertrauen in seinen himmlischen Vater, dass er sich seiner Hilfe und seinem Schutz sicher sein konnte.

Und genau darum geht es dabei, wenn ich davon spreche, eine dankbare Grundhaltung zu haben.

Wir dürfen lernen, uns in Gottes Gegenwart immer und überall sicher und geborgen zu fühlen. Gott unser Vater sorgt für uns. Er wird dafür sorgen, dass wir trotz einer schwierigen Situation alles haben, was wir benötigen.

Er, der Herr, wird uns sicher durch schwere Zeiten begleiten. Er hält seine Hand über uns und umgibt uns mit seinem Schutzschild. Gott sorgt dafür, dass du als Sieger aus schwierigen, schmerzhaften Situationen herausgehst und voller Überzeugung erhobenen Hauptes sagen kannst: Ich bin dankbar!

Ich wünsche dir für die nächsten sieben Tage, dass du mit dem Dankbarkeitstagebuch eine Möglichkeit für dich findest, in allem dankbar zu werden und auch die kleinen Dinge im Leben wieder wahrzunehmen.

Dankbarkeit üben - Tag 1

Seht darauf, dass niemand Böses mit Bösem vergilt, sondern trachtet allezeit nach dem Guten, sowohl untereinander als auch gegenüber jedermann! Freut euch allezeit! Betet ohne Unterlass! Seid in allem dankar; denn das ist der Wille Gottes in Christus Jesus für euch.

1. Thessalonicher 5,15-18

Wie kannst du den Tagesvers in deinem Leben umsetzen?
Wofür bist du dankbar? Hier kannst du deine Notizen machen.

_____

_____

_____

_____

_____

_____

_____

_____

_____

_____

_____

_____

_____

Dankbarkeit üben - Tag 2

Ich will den Herrn allezeit preisen, sein Lob soll immerdar in meinem Munde sein. Meine Seele rühme sich des Herrn; die Elenden sollen es hören und sich freuen. Erhebt mit mir den Herrn und lasst uns miteinander seinen Namen erhöhen! Als ich den Herrn suchte, antwortete er mir und rette mich aus allen meinen Ängste. Die auf ihn blicken werden strahlen und ihr Angesicht wird nicht beschämt. Psalm 34,2-3

Wie kannst du den Tagesvers in deinem Leben umsetzen?
Wofür bist du dankbar? Hier kannst du deine Notizen machen.

_____

_____

_____

_____

_____

_____

_____

_____

_____

_____

_____

_____

_____

Dankbarkeit üben - Tag 3

Komm, lasst uns dem Herrn lobsingen und jauchzen dem Felsen unseres Heils!
Lasst uns ihm mit Lobgesang begegnen und mit Psalmen jauchzen. Denn der Herr
ist ein großer Gott und ein großer König über alle Götter.
Psalm 95, 1-2

Wie kannst du den Tagesvers in deinem Leben umsetzen?
Wofür bist du dankbar? Hier kannst du deine Notizen machen.

_____

_____

_____

_____

_____

_____

_____

_____

_____

_____

_____

_____

Dankbarkeit üben - Tag 4

Gehet durch die Tempeltore ein mit Dank, betretet den festlichen Vorhof mit lautem Lob! Preist ihn! Rühmt ihn! Denn der Herr ist gut zu uns, seine Gnade hört niemals auf, für alle Zeiten hält er uns die Treue!
Psalm 10,4-5

Wie kannst du den Tagesvers in deinem Leben umsetzen?
Wofür bist du dankbar? Hier kannst du deine Notizen machen.

_____

_____

_____

_____

_____

_____

_____

_____

_____

_____

_____

_____

_____

_____

Dankbarkeit üben - Tag 5

Wer Dank opfert, der ehrt mich, und wer den Weg bahnt, dem zeige ich Gottes
Heil!Psalm 50,23

Wie kannst du den Tagesvers in deinem Leben umsetzen?
Wofür bist du dankbar? Hier kannst du deine Notizen machen.

_____

_____

_____

_____

_____

_____

_____

_____

_____

_____

_____

_____

_____

Dankbarkeit üben - Tag 6

Gott aber sei Dank, der uns den Sieg gibt durch unseren Herrn Jesus Christus! Darum, meine geliebten Brüder, seid fest, unerschütterlich, nehmt immer zu in dem Werk des Herrn, weil ihr wisst, dass eure Arbeit nicht vergeblich ist im Herrn!
1.Korinther 15,57-58

Wie kannst du den Tagesvers in deinem Leben umsetzen?
Wofür bist du dankbar? Hier kannst du deine Notizen machen.

_____

_____

_____

_____

_____

_____

_____

_____

_____

_____

_____

_____

_____

Dankbarkeit üben - Tag 7

Stimmt dem Herrn ein Danklied an, spielt unserm Gott auf der Harfe, der den Himmel mit Wolken bedeckt, der Regen bereitet für die Erde und auf den Bergen Gras wachsen läßt, dem Vieh sein Futter gibt, den jugen Raben, die ihn anrufen.
Psalm 147,7-9

Wie kannst du den Tagesvers in deinem Leben umsetzen?
Wofür bist du dankbar? Hier kannst du deine Notizen machen.

_____

_____

_____

_____

_____

_____

_____

_____

_____

_____

_____

_____

Hallo liebe Leserin, lieber Leser!

Es freut mich sehr, dass du dieses Buch gerade in Händen hältst und
es bis zum Schluss gelesen hast.
Ich hoffe, dass du darin das gefunden hast, was du gesucht hast. Du
hast Fragen, Anregungen oder möchtest mich einfach näher ken-
nenlernen? Dann freue ich mich auf eine Nachricht von dir!

Auf meiner Homepage www.myspiritdesign.net kannst du meine
Bücher direkt mit Autorenwidmung bestellen.
Außerdem findest du unter www.positivdenker.myspiritdesign.net
viel Input rund um das Thema „Positives Denken".

Schau doch mal vorbei!

Es grüßt dich ganz herzlich

Weitere Bücher der Autorin:

Emotionaler Missbrauch! - Wenn die Seele schreit

Über viele Jahre war mein Leben geprägt von Missbrauch, Verachtung und Ablehnung. Da ich in einer christlichen Familie aufgewachsen war, suchte ich als junge Erwachsene Halt in der Freikirche, die ich als Kind so sehr geliebt hatte. Doch anstatt Hilfe und Heilung zu erfahren, wurde mein Selbstwertgefühl mit Füßen getreten und jegliches Selbstbewusstsein und Vertrauen in Gott und die Menschen zerstört. Erst beinahe 20 Jahre nach meinem Austritt aus dieser Gemeinde habe ich es mit Hilfe Außenstehender geschafft, Türen zu öffnen und Gott wirken zu lassen.

Dieses Buch ist der zweite Teil der Supermama-Reihe und erzählt, wie ich zu der Frau wurde, die ich heute bin. Ich möchte Menschen dazu ermutigen, über ihren Schatten zu springen und auf Gottes Führung in ihrem Leben zu vertrauen. Egal, wie schwer deine Vergangenheit war, egal was du erlebt oder getan hast: Gott weiß, wo du dich versteckst! Und er hat einen Weg parat, dir aus dem Schatten deiner Vergangenheit herauszuhelfen, dich zu heilen und zu einem Segen für andere Menschen zu machen! Du musst ihm nur die Türe öffnen!

Teil 2 der Supermama-Reihe
ISBN: 978-3-7497-1222-9

66

Die Suche nach der Supermama!
Warum wir lernen müssen aus unserer Komfortzone herauszutreten und
neue Wege zu wagen

„Kennt ihr diese Tage, an denen ihr morgens aus dem Bett
hüpft noch bevor der Wecker
geklingelt hat, mit Elan frisch
geduscht, gestylt und hübsch
angezogen in der Küche steht
und euren Liebsten mit einem
Kuss auf die Wange das frisch
gemachte Frühstück serviert?
Nicht? Echt nicht? Cool! Dann
geht´s euch ja so wie mir auch.
Bei mir sieht der Tag so vielleicht in den Träumen meines Mannes aus.
Ich hingegen quäle mich um kurz vor 6 Uhr aus dem Bett. Der
Kaffee läuft schon durch die Maschine, da mein Mann weiß,
dass ich ohne Kaffee nicht ansprechbar bin.
Meine Haare stehen in alle Richtungen ab und mein Gesicht
sagt aus, was ich noch nicht aussprechen kann: Lass mich
bloß in Ruhe, bis ich meinen Kaffee getrunken habe. ...“

Der erste Band „Die Suche nach der Supermama“ erzählt von
einem inneren Kampf, das Leben, mitsamt Haushalt und Kinder, endlich so in den Griff zu bekommen, dass ich noch ge-
nügend Zeit für mich selbst hatte.
Es gibt einen Einblick in mein Leben und zeigt, wie wichtig es
ist, Vertrauen aufzubauen, aus der persönlichen Komfortzone
herauszutreten, Gott im eigenen Leben einen Platz zu geben
und ihm die Führung zu überlassen.

Teil 1 der Supermama-Reihe
ISBN: 9783-7497-0049-3

Der Psalter - Was wir von David & Co. lernen können

Der Psalter ist nicht einfach nur eine Sammlung wertvoller Lieder und Gedichte. Hinter den Zeilen von David und seinen Mitautoren steckt so viel mehr. Das Buch „Der Psalter" gibt eine kurze Einführung in die historischen Hintergründe und einen Einblick in das Leben des Hauptautoren. Immerhin stammen nahezu 80 Psalmen aus Davids Feder. Viele dieser Lieder und Gedichte hat David in Zeiten geschrieben, in denen er Verfolgung ausgesetzt war. Und obwohl er vermutlich viel Zeit damit verbracht hat, sich in den Bergen vor seinen Feinden zu verstecken, hat er eines nie vergessen: Dass Gott immer bei ihm ist und für ihn in den Kampf geht.

Neben der Einführung bittet dieses Buch auf 300 weiteren Seiten einen Einblick in jeden einzelnen Psalm. Kurze Psalmen werden vollständig behandelt, bei längeren Psalmen gibt die Autorin einen Einblick in die Kernaussagen und Schlüsselverse des jeweiligen Psalms. Herausfordernde Fragen fordern dazu auf, über das eigene Leben, den eigenen Glauben und das Vertrauen auf Gott nachzudenken.

ISBN: 978-3-7497-9555-0
Erscheint voraussichtlich im August 2020

MIX

Papier | Fördert
gute Waldnutzung

FSC® C083411

Zeitfracht Medien GmbH
Ferdinand-Jühlke-Straße 7
99095 Erfurt, Deutschland
produktsicherheit@kolibri360.de